LES FEES DES FORESTS DE S.t GERMAIN.

Ballet.

DANSÉ PAR LE ROY EN LA SALLE du Louure le xi.e iour de Feurier 1625.

A PARIS,

M. DC. XXV.

LEctevr, Tu seras aduerty que les vers qui suiuent ne regardent que les recits, & les entrées du Roy, & des Princes & Seigneurs: Et quant à l'ordre & suitte entiere du Ballet, dans lequel les particuliers font diuerses entrées, tu l'apprendras par vn Discours en prose.

PREMIER BALLET.
RECIT.

Guillemine la Quinteuſe Fée de la Muſique,
repreſentée par le Sieur Marais.

AVX DAMES.

mis en musique par Boesset. v. p. 93 du rec. de ses airs 2.ᵉ éd. Par. 1689.
— p. 4 du XIII.ᵉ l'air in q.º 1626.

VN concert bien melodieux
N'eſt pas ce que i'aime le mieux,
Ny le poinct d'honneur qui me pique:
Les beaux chants c'eſt dont ie me ris,
Et n'ayme rien que la Muſique
Qui reſſemble aux Chariuaris.

Auſſi par mon enchantement
Des Chantres veſtus plaiſamment
Animeront des cors de chaſſe,
Et forgeront de ſi beaux pas
Qu'il en naiſtra quelque grimace
En vos viſages pleins d'appas.

Que ſi leurs accors ſans accord,
Par vn trop violent effort
A vos oreilles font la guerre,
Au moins plairay-je à vos regars,
Puis que ie mettray la guiterre
Entre les mains d'vn ieune Mars.

A ij

AVTRE RECIT ACCOMMODE' A
l'air qui a precedé les paroles.

Les Musiciens de Campagne.

L'air est de Boesset. V. Rec. de ses airs. 2.e ed. Paris. 1689. p. 94.
Airs. in 4.° L. XIII. 1626. f.° 5.

Mour ravy de vos attraits si chers aux Dieux
A guidé nos pas pour voir vos beaux yeux,
Et pour ranger dessous vos loix
Nos luths & nos voix.
Que le Ciel n'en soit ialoux,
Nos cœurs sont à vous.

Le feu qui sort de vos regards est si puissant
Que la nuict soudain va disparoissant,
Et n'est besoin que le Soleil
Haste son réueil,
Ce beau lieu reçoit le iour
Des rayons d'Amour.

LES CHACONISTES ESPAGNOLS TANT
Caualliers que Dames, qui dansent selon
l'ordre cy apres.

Monsieur le Duc d'Aluyn.

A Quoy ne me reduit le tourment que i'endure
Puis qu'en habit de femme, Amour, ie te coiure
De fléchir la Beauté qui me donne la mort?
Ie luy ferois bonne guerre,
Si ie la trouuois d'accord
Aussi bien que ma guiterre.

Monsieur de Bleinuille.

MON dessein, ô ieune merueille,
Estoit de charmer ton oreille,
Afin de fléchir ton orgueil :
Mais que mon cœur aura de bréches !
Car ie voy bien que ton bel œil
Me veut tuer à coups de fléches.

Monsieur le Marquis de Mortemar.

QVE me sert cét habit dont ie trompe vn ialoux,
Puis que le bien chanter & ces accords plus doux
N'ont charme si puissant qui ne me soit funeste?
Celle dont i'obserue les loix
Exerce ma main & ma voix,
Et cruelle qu'elle est ne se sert point du reste.

Monsieur de la Rocheguyon.

AMANT Espagnolisé,
Ie suis tout déualisé,
Cloris m'oste l'esperance:
O que son cœur est cruel!
I'aurois presque l'asseurance
De l'appeller en duel.

Monsieur le Duc de Nemours.

LE Mars des fleurs de Lis, Roy de mes volontez,
Anime mon courage, ainsi que ma guiterre,
Sçachez donc que ie suis, ô Diuines Beautez,
Espagnolle au Ballet, & François à la guerre.

LE ROY.

Merueilles des Cieux, ie lis en vos regars
Qu'Amour est tout rauy du son de ma Guiterre
Mais i'espere monstrer aux deux bouts de la Terre
Que i'ay des tōs plus forts pour charmer le Dieu M

Monsieur le Grand Prieur.

Le cœur gros de souspirs, et les yeux pleins de larme
Ie m'estois déguisé, croyant tromper les charmes
De tes diuins regars, qui font la guerre aux Dieux
Mais helas ! chere Syluie,
Ie perds dedans tes beaux yeux
Ce qui me restoit de vie.

SECOND BALLET.

RECIT.

Gillette la Hazardeuze Fée des Ioueurs, representée par Monsieur de Chalez.

par Boesset. V. Rec. de ses airs. p. 95. 2.e ed. Paris 1689.
Air de Cour L. XIII. 1620. f.° 6

ES Ioüeurs soûmis à mes loix
Ont vn agreable caprice,
Les os ne leur tombent des doigts,
Vn tourniquet est l'exercice,
Où des Lacquais & des Bertrans
Pour des soufflets vont follastrans.

Ils sont suiuis d'Esprits follets,
Qui bandez à forcer la balle,
Font voir qu'Eole & ses vallets
N'ont vistesse qui les esgalle,
Et qu'en soupplesse & soubresauts
Les singes ne sont que des sots.

Vn regnard marche pas à pas,
Et ne voit poulles qu'il n'emporte.
Mais, ô Beautez, pleines d'appas,
N'en riez que de bonne sorte,
Pour vous mettre en pareil hazard
Amour est assez fin regnard.

LES

LES LACQVAIS.

Monsieur le Marquis de Mortemar.

La Gloire accompagne mes pas,
Bien que Lacquais ie ne suis pas
De ceux qu'vn Escuyer estrille :
Mon Maistre est mon vallet par fois;
S'il me faict porter la mandille,
Moy ie luy fay porter du bois.

Monsieur le Commandeur de Souuray.

Cruelle ambition, laisse-moy viure en paix,
Et iamais plus ne m'importune,
N'ay-je pas assez de fortune,
Puisque ie suis Roy des Lacquais ?

Vn Esprit follet ioüeur de balle forcée, representé
par Monsieur de Liancourt.

Myrtes, couronnez-moy,
Que si ie ne suis Roy
De l'amoureux Empire,
Au moins suis-je à la Cour,
Esprit pour le bien-dire,
Et Follet pour l'Amour.

TROISIESME BALLET.

RECIT.

Iacqueline l'Entenduë Fée des Estropiez de ceruelle, representée par Monsieur de Liancourt.

par Boesset. V. rec. de ses airs. p. 96. 2.e Edit. Paris. 1689.
airs in 4.º L. XIII. 1646. f.º 7.

IL n'est si fameux Empirique,
  S'il affronte mon art magique,
  Qui ne reçoiue vn pié de nez :
  Le chef-d'œuure que ie projette,
Gist en la caballe secrette
De guerir les embabouinez.

Ils ont l'œil creux, le corps ectique,
  Le poil & l'habit à l'antique,
  Qui les font remarquer de loing :
  La vanité leur sert de guide,
  Et de meubler leur chambre vuide
Les Chimeres ont vn grand soing.

Pressez de leurs humeurs bourruës
  Tout le iour ils courent les ruës,
  Et toute nuict ont l'œil ouuert :
  Moy, pour esgayer leur folie,
  I'ordonne à leur melancolie
De se couurir d'vn bonnet vert.

B ij

Parmy tant de rares pensées
 Qui sont diuersement blessées
 Les fantasques me gastent tout,
 Leurs fougues ne sont point communes,
 Et les demy-foux ont des Lunes,
 Dont ie ne puis venir à bout.

Et quant à vous, Esperlucates,
 Vos complexions delicates
 Veulent vn traictement fort doux:
 Mais en vostre mal qui m'estonne,
 Tout le remede que i'ordonne
 C'est que ie m'en rapporte à vous.

Vn Embaboüiné representé par Monsieur de Chalez.

Sprits adjustez comme il faut,
 Ie reconnois bien mon defaut
 Et les caprices dont i'abonde:
 Mais puis que le party des foux
 Est le plus grand qui soit au monde,
 Ie veux en estre comme vous.

Les Demy-foux qui dansent, selon l'ordre cy apres.

Monsieur Frere du Roy.

I'ay le sens troublé, ce n'est qu'en apparance,
 Amour & le Dieu Mars partagent mes desirs,
 Qui sont si bien reiglez, que mes plus chers plaisirs
 Sont d'adorer Caliste, & de seruir la France.

Monsieur le Duc d'Elbeuf.

Ce n'est donc point assez d'avoir perdu mon cœur
Esclaue du bel œil qu'Amour fit mõ vainqueur
Il faut que la raison me soit aussi rauie.
O Dieux! qui vit iamais de si diuins appas?
C'est n'auoir point d'esprit de ne le perdre pas
Pour l'amour de Syluie.

Monsieur le Grand Prieur.

SI t'aymer est vn crime indigne de pitié,
Au moins pour le respect de ma longue amitié,
Donne à mes passions vne fin moins tragique.
Ce que tu crois des pleurs, (ô merueille des Cieux,
Helas! c'est mon cerueau que l'Amour alambique
Et faict à tout moment distiller par mes yeux.

Monsieur le Commandeur de Souuray.

LE mal qui donne peu de tréues
A mes sens d'amour transportez,
Ne vient pas de la fleur des féues,
Mais bien de la fleur des beautez.

Les Fantasques, qui dansent selon l'ordre cy apres.

Monsieur le Comte de Soissons.

LE caprice & l'orgueil n'ont part en mes amours,
Vne Beauté me rēd plus humble que les herbes :
Et quant aux Caualiers mon humeur est tousiours
Facile aux complaisans, et fantasque aux superbes.

Monsieur *le Duc de Moutmorancy absent*

BIEN qu'agité d'vn grand orage,
Ie sois menacé du naufrage,
Qu'ont les desseins ambitieux,
Feux jumeaux, cachez vostre flâme,
Il ne me faut que deux beaux yeux
Pour calmer les flots de mon ame.

Monsieur le Duc d'Aluyn.

PVIS que chery d'vne Diuinité,
Ie feins icy que sa rigueur m'affolle,
Ieunes Amans remplis de vanité,
Pour la quitter venez à mon escole.

Monsieur de Bleinuille.

Bien que l'humeur fātasque aux fougues me cōuie,
Toutesfois quand l'Amour guide mes volontez,
La Lune ne tient pas ma raison asseruie,
Cet hōneur n'appartient qu'au Soleil des Beautez.

QVATRIESME BALLET.

RECIT.

Alizon la Hargneuse Fée des vaillans Combattans, representée par le sieur Delfin.

mis en musique par Boesset. l. p. 8 du 13 Liv. des airs mis en tabl. de Luts. Paris 4º. 1626.

MES combattans que Mars ne sçauroit égaller
D'exploicts & de gloire sont riches,
Leurs coups font aux cōbats bras & testes voller,
Il est vray qu'elles sont postiches.

Les plus fiers Rodomons pressez de leur valeur
Sentent leurs forces dissipées:
Que ne feroiët-ils point, n'estoit que par malheur
C'est de bois que sont leurs espées?

Leurs soldats sont docteurs, qui bruslent du desir
D'auoir en teste des Hercules:
Courir, et rōpre en lice est leur plus grād plaisir,
Mais ils sont montez sur des mules.

Finissons ces combats faicts pour le passetemps,
Il me reste vn poinct à vous dire,
C'est que les Ennemis du Chef des Combattans
Auront plus à pleurer qu'à rire.

LES

Les vaillans Combattans qui dansent selon
l'ordre cy apres.

Monsieur de la Rocheguyon.

IE presume, Tenant, demeurer mon vainqueur,
Mon courage suffit à conseruer ma vie,
Et pour la garantir n'ay-je pas dans le cœur
Graué des mains d'Amour le pourtraict de Syluie?

LE ROY.

FRāce, qui dās les mains me vois des armes peintes,
Dōt les exploits ne sont que des jeux & des feintes,
Ne croy que ie m'en serue auecque passion :
Pour moy tous passetems ont vn charme inutile,
Amour fera bien tost place à l'ambition,
Et l'Ennemy sçaura que ie suis vn Achille.

Monsieur de Liancourt.

QVE ie hay cette espée
Dont ma dextre occupée
Rauit toute la Cour,
Les armes naturelles
Sont plus propres, Amour,
Pour vuider mes querelles.

C

Monsieur le General des Galeres.

GVerrier armé de courroux,
Qui pour me percer de coups
Fais vn effort admirable,
Apprens à ton vain orgueil,
Que ie suis invulnerable,
Horsmis aux traicts d'vn bel œil.

CINQVIESME ET DERNIER
Ballet, qui est suiuy de la Conclusion.

RECIT.

Macette la Cabriolleuze Fée de la Danse, representée par le Sieur de Poyenne.

par Boesset: 1.er rec. de ses airs. p. 97. 2.e ed. Paris. 1689.

QV'ON ne me rompe les oreilles
De ces fabuleuses merueilles
Qu'vne lyre fit aux vieux temps;
Ie me vante que mes trophées
Feront tenir pour charlatans
Les Amphions & les Orphées.

Rien n'est si diuin que ma gaule,
Sa vertu que le Ciel espaule
Me donne cent mille suiuans,
Et faict, tant le monde radotte,
Passer pour des hommes viuans
Des bilboquets que i'escamotte.

Ie m'abuse, ô merueille estrange!
Leur forme premiere se change
Et dansent comme Demy-dieux.
Beautez dont la France est regie,
Ie dois aux charmes de vos yeux
Ce dernier effect de Magie.

FIN.

BORDIER.

25

www.ingramcontent.com/pod-product-compliance
Lightning Source LLC
Chambersburg PA
CBHW070428080426
42450CB00030B/1830